I0161618

Printed in the USA

Slovak Language:

101 Slovak Verbs

By Maja Kováčova

Contents

VERBS

A verb is a **word** that conveys an action (e.g. *čítať – to read*), a state of being (*byť – to be*), or change of state (*stať sa – to become/to happen*). Slovak is a Slavic language which belongs to the "synthetic" languages. It means that unlike "analytical" languages (e.g. English), different grammatical aspects are expressed in one word by changing the structure of that word (by adding an ending, adding prefix, modifying the core of the word, etc.). In analytical languages the same is achieved by using separate auxiliary verbs, pronouns or adjectives while the actual word remains unchanged. In Slovak, one word is often sufficient to express what English can only attain by using multiple words.

Examples:

English verb *to go* does not change and needs 1 – 3 "assistant" words (the pronoun and the auxiliary "will", "not" or "do"). In Slovak, the verb *ísť* (Slovak infinitive of "to go") acts like an all-in-one package:

Idem. – I go.

Pôjdem. – I will go.

Nepôjdeme. – We do not go.

In Slovak language, verbs have unified endings that express person and number for present and future conjugations as well as gender, number and person for past conjugations. They match subjects in person and number.

Examples:

	Present	**Future**	**Past**
ja	*Ja počúvam. – I listen.*	*Ja **budem** počúvať. – I will listen.*	*Ja som počúval(a). – I listened.*
ty	*Ty počúvaš. – You listen.*	*Ty **budeš** počúvať. – You will listen.*	*Ty si počúval(a). – You listened.*
on	*On počúva. – He listens.*	*On **bude** počúvať. – He will listen.*	*On počúval. – He listened.*
ona	*Ona počúva. – She listens.*	*Ona **bude** počúvať. – She will listen.*	*Ona počúvala. – She listened.*
ono	*Ono počúva. – It listens.*	*Ono **bude** počúvať. – It will listen.*	*Ono počúvalo. – It listened.*

my	My počúva**me**. – We listen.	My **budeme** počúvať. – We will listen.	My sme počúva**li**. – We listened.
Vy/vy	Vy počúva**te**. – You listen.	Vy **budete** počúvať. – You will listen.	Vy ste počúva**li**. – You listened.
oni (muži)	Oni počúva**jú**. – They listen.	Oni **budú** počúvať. – They will listen.	Oni počúva**li**. – They listened.
ony (ženy, deti, veci)	Ony počúva**jú**. – They listen.	Ony **budú** počúvať. – They will listen.	Ony počúva**li**. – They listened.

Verbs in Slovak language are classified to the following categories:

- Full verbs have full meaning. This means they are not dependent on other verbs. A main verb is sometimes preceded by one or more auxiliary verbs.

  - Dynamic verbs express action and tell what the subject of the sentence does. These verbs have duration.

    - Object verbs

      - Transitive (direct object is receiving the action from the verb)

        čítať (knihu) – to read (the book), hovoriť (pravdu) – to tell (the truth)

      - Intransitive (with no direct object)

        rozprávať sa (s niekým) – to talk (to somebody), pripravovať sa (na skúšky) – to prepare (for the exam)

    - Non-object verbs

      cestovať – to travel, sedieť – to sit

  - Stative verbs signify cognitive, emotional and physical states. Stative verbs are unchanging throughout their entire duration.

    starnúť – to age, uzdraviť sa – to recover

- Auxiliary verbs are the verbs *byť* (to be), *mať* (to have), etc. when they are followed by another verb to form a question, a negative sentence, a compound tense or the passive. Auxiliary verbs always precede full verbs within a verb phrase.

- o Modal verbs are used to indicate modality – probability, ability, likelihood, permission, obligation, etc.

  chcieť – to want, môcť – can

- o Phase verbs are used to indicate a phase of the action.

  začať/začínať – to start, prestať/prestávať – to stop

- o Limit verbs

  ísť – to go, mať – to have

- o Linking verbs

  byť – to be, stať sa – to become

In Slovak language verbs are modified in form to encode tense, aspect, mood and voice. A verb may also agree with person, gender, number of some of its arguments, such as subject or object.

OSOBA PERSON	ČÍSLO NUMBER	ČAS TENSE	SPÔSOB MOOD	VID ASPECT	SLOVESNÝ ROD VOICE
1.	Singulár Singular	Prítomný Present	Oznamovací Indicative	Dokonavý Perfective	Činný Active
2.	Plurál Plural	Minulý Past	Rozkazovací Imperative	Nedokonavý Imperfective	Trpný Passive
3.		Budúci Future	Podmieňovací Conditional		

TENSE

Tense expresses time reference. Basic tenses in Slovak language are:

- **The past tense** principal function is to place an action or situation in past time. The past tense is formed by the past participle (in a proper gender form) and present forms of the verb *byť* (to be) which are omitted in the 3rd person.

  Počúval som. – I listened.

- **The present tense** principal function is to locate a situation or event in present time. The present tense can be expressed in imperfective verbs only.

  Počúvam. – I listen.

- **The future tense** generally marks the event expected to happen in the future. In imperfective verbs, it is formed by the future forms of the verb *byť* (to be) and the infinitive.

  ***Budem** počúvať. – I will listen.*

ASPECT

Verbal aspect is used to specify if the action expressed by the verb is a one-time/finished or repeated/unfinished act. There are two verbal aspects in Slovak:

- **Perfective verbs (dokonavý vid)** – describes a one-time, completed action that took place within a certain time frame (e.g. *vypiť – to drink up, to finish drinking*)

  Choď si čítať. – Go read. (in general, for an unspecified period of time)

- **Imperfective verbs (nedokonavý vid)** - describes an unfinished or repeated action the duration of which is not specified (e.g. *piť – to drink, to be drinking*)

  Prečítaj si tú knihu. – Read that book. (from beginning to end)

Verbal aspect in future tense constructions

- **Perfective verbs** are used to describe an action that will take place and END at one particular time in the future.

  Dnes večer budem čítať knihu. – I will read a book tonight. (over the course of the evening, maybe repeatedly, I may not finish it)

- **Imperfective verbs** are used to describe an action that will cover an unspecified period in the future.

  Prečítam si tú knihu. – I will read the book. (I will read it from beginning to end)

MOOD

A grammatical mood allows speakers to express their attitude toward what they are saying (for example, whether it is intended as a statement of fact, of command, etc.). Basic moods used in Slovak language are:

- **Indicative** – indicating a state of factuality and reality

  Pes sedí na stoličke. – A dog sits on the chair.

- **Imperative** – indicating a state of command

  Vráť mi moju knihu. – Give me back my book.

- **Conditional** – indicating a conditional state that will cause something else to happen

  Ak príde, my pôjdeme. – If he/she comes we shall go.

VOICE

The voice of a verb tells whether the subject of the sentence performs or receives the action. In Slovak there are two voices: active and passive.

- **Active Voice** – the subject performs the action expressed by the verb.

  Mačka chytila vtáka. – The cat caught the bird.

- **Passive Voice** – the subject receives the action expressed by the verb.

  Vták bol chytený mačkou. – The bird was caught by the cat.

Using "ty" form (tykanie) / Using "Vy" form (vykanie)

While contemporary English uses a universal „you", Slovak language differentiates between formal and informal.

In Slovak language there are two different ways of addressing others:

- **Informal form of address (tykanie)** – the "ty" form is used to speak to children, personal friends, members of family, in informal letters, etc. To use "ty" form with strangers is considered impolite.
  Čítaš knihu? (ty)
  Áno, čítam knihu. (ja)
- **Formal form of address (vykanie)** – the "Vy" form, a polite mode of address, is used to talk to adult strangers, by children addressing adults, at offices, in formal letters, etc. Using "Vy" is a means of showing respect. When using "Vy" form the verb is always in plural.

Čítate knihu? (Vy)

Áno, čítam knihu. (ja)

Imperative

The imperative is used for making requests and giving commands. The imperative has informal (ty) and formal (Vy) forms.

Pošlite nám správu e-mailom. – Please send us the information by e-mail. ("Vy" form)

Pošli nám správu e-mailom. – Please send us the information by e-mail. ("ty" form)

Choďte už spať! – Go to sleep already! ("Vy" form)

Choď už spať! – Go to sleep already! ("ty" form)

Negation

Verbs are negated by prefixing *ne-* to the present or past conjugated form.

volám, volať, volal – call

nevolám, **ne**volať, **ne**volal – **not** call

In the imperfective future the *ne-* is prefixed to the future auxiliary.

Budem volať. – I will be calling.

Nebudem volať. – I will **not** be calling.

1. To accept prijať

PRESENT TENSE						
SINGULAR			PLURAL			
ja (I)	ty (you)	on/ona/ono (he/she/it)	my (we)	Vy/vy (you)	oni/ony (they)	
prijímam	prijímaš	prijíma	prijímame	prijímate	prijímajú	

FUTURE TENSE						
SINGULAR			PLURAL			
ja (I)	ty (you)	on/ona/ono (he/she/it)	my (we)	Vy/vy (you)	oni/ony (they)	
prijmem	prijmeš	príjme	prijmeme	prijmete	príjmu	

PAST TENSE							
SINGULAR					PLURAL		
ja (I)	ty (you)	on (he)	ona (she)	ono (it)	my (we)	Vy/vy (you)	oni/ony
prija **som**	prijal(a) **si**	prijal	prijala	prijalo	prijali **sme**	prijali **ste**	prijali

2. To admit pripustiť

PRESENT TENSE					
SINGULAR			**PLURAL**		
ja (I)	ty (you)	on/ona/ono (he/she/it)	my (we)	Vy/vy (you)	oni/ony (they)
pripúšťam	pripúšťaš	pripúšťa	pripúšťame	pripúšťate	pripúšťajú

FUTURE TENSE					
SINGULAR			**PLURAL**		
ja (I)	ty (you)	on/ona/ono (he/she/it)	my (we)	Vy/vy (you)	oni/ony (they)
pripustím	pripustíš	pripustí	pripustíme	pripustíte	pripustia

PAST TENSE							
SINGULAR					**PLURAL**		
ja (I)	ty (you)	on (he)	ona (she)	ono (it)	my (we)	Vy/vy (you)	oni/ony
pripusti **som**	pripustil(a) **si**	pripustil	pripustila	pripustilo	pripustili **sme**	pripustili **ste**	pripustili

3. To answer odpovedať

PRESENT TENSE					
SINGULAR			PLURAL		
ja (I)	ty (you)	on/ona/ono (he/she/it)	my (we)	Vy/vy (you)	oni/ony (they)
odpovedám	odpovedáš	odpovedá	odpovedáme	odpovedáte	odpovedajú

FUTURE TENSE					
SINGULAR			PLURAL		
ja (I)	ty (you)	on/ona/ono (he/she/it)	my (we)	Vy/vy (you)	oni/ony (they)
odpoviem	odpovieš	odpovie	odpovieme	odpoviete	odpovedia

PAST TENSE							
SINGULAR					PLURAL		
ja (I)	ty (you)	on (he)	ona (she)	ono (it)	my (we)	Vy/vy (you)	oni/ony
odpovedal(a) som	odpovedal(a) si	odpovedal	odpovedala	odpovedalo	odpovedali sme	odpovedali ste	odpovedali

4. To appear – objaviť sa

PRESENT TENSE					
SINGULAR			PLURAL		
ja (I)	ty (you)	on/ona/ono (he/she/it)	my (we)	Vy/vy (you)	oni/ony (they)
objavujem sa	objavuješ sa	objavuje sa	objavujeme sa	objavujete sa	objavujú sa

FUTURE TENSE					
SINGULAR			PLURAL		
ja (I)	ty (you)	on/ona/ono (he/she/it)	my (we)	Vy/vy (you)	oni/ony (they)
objavím sa	objavíš sa	objaví sa	objavíme sa	objavíte sa	objavia sa

PAST TENSE							
SINGULAR					PLURAL		
ja (I)	ty (you)	on (he)	ona (she)	ono (it)	my (we)	Vy/vy (you)	oni/ony
Objavil(a) som sa	objavil(a) si sa	objavil sa	objavila sa	objavilo sa	objavili sme sa	objavili ste sa	objavili sa

5. To ask – pýtať sa

PRESENT TENSE					
SINGULAR			PLURAL		
ja (I)	ty (you)	on/ona/ono (he/she/it)	my (we)	Vy/vy (you)	oni/ony (they)
pýta**m** sa	pýta**š** sa	pýta sa	pýta**me** sa	pýta**te** sa	pýta**jú** sa

FUTURE TENSE					
SINGULAR			PLURAL		
ja (I)	ty (you)	on/ona/ono (he/she/it)	my (we)	Vy/vy (you)	oni/ony (they)
spýta**m** sa	spýta**š** sa	spýta sa	spýta**me** sa	spýta**te** sa	spýta**jú** sa

PAST TENSE							
SINGULAR					PLURAL		
ja (I)	ty (you)	on (he)	ona (she)	ono (it)	my (we)	Vy/vy (you)	oni/ony
spýtal(**a**) **som** sa	spýtal(**a**) **si** sa	spýtal sa	spýtala sa	spýtalo sa	spýtali **sme** sa	spýtali **ste** sa	spýtali sa

6. To be – byť

PRESENT TENSE					
SINGULAR			PLURAL		
ja (I)	ty (you)	on/ona/ono (he/she/it)	my (we)	Vy/vy (you)	oni/ony (they)
som	si	je	sme	ste	sú

FUTURE TENSE					
SINGULAR			PLURAL		
ja (I)	ty (you)	on/ona/ono (he/she/it)	my (we)	Vy/vy (you)	oni/ony (they)
budem	budeš	bude	budeme	budete	budú

PAST TENSE							
SINGULAR					PLURAL		
ja (I)	ty (you)	on (he)	ona (she)	ono (it)	my (we)	Vy/vy (you)	oni/ony
bol(a) som	bol(a) si	bol	bola	bolo	boli sme	boli ste	boli

7. To be able – byť schopný

PRESENT TENSE					
SINGULAR			PLURAL		
ja (I)	ty (you)	on/ona/ono (he/she/it)	my (we)	Vy/vy (you)	oni/ony (they)
som schopný	**si** schopný	**je** schopný(á)(é)	**sme** schopní	**ste** schopní	**sú** schopní

FUTURE TENSE					
SINGULAR			PLURAL		
ja (I)	ty (you)	on/ona/ono (he/she/it)	my (we)	Vy/vy (you)	oni/ony (they)
budem schopný	**budeš** schopný	**bude** schopný	**budeme** schopní	**budete** schopní	**budú** schopní

PAST TENSE							
SINGULAR					PLURAL		
ja (I)	ty (you)	on (he)	ona (she)	ono (it)	my (we)	Vy/vy (you)	oni/ony
bol(a) som schopný(á)	**bol(a) si** schopný(á)	**bol** schopný	**bola** schopná	**bolo** schopné	**boli sme** schopní	**boli ste** schopní	**boli** schopní

8. To become – stať sa

PRESENT TENSE						
SINGULAR			PLURAL			
ja (I)	ty (you)	on/ona/ono (he/she/it)	my (we)	Vy/vy (you)	oni/ony (they)	
stávam sa	stávaš sa	stáva sa	stávame sa	stávate sa	stávajú sa	

FUTURE TENSE						
SINGULAR			PLURAL			
ja (I)	ty (you)	on/ona/ono (he/she/it)	my (we)	Vy/vy (you)	oni/ony (they)	
stanem sa	staneš sa	stane sa	staneme sa	stanete sa	stanú sa	

PAST TENSE							
SINGULAR					PLURAL		
ja (I)	ty (you)	on (he)	ona (she)	ono (it)	my (we)	Vy/vy (you)	oni/ony
stal(a) som sa	stal(a) si sa	stal sa	stala sa	stalo sa	stali sme sa	stali ste sa	stali sa

9. To begin – začať

PRESENT TENSE					
SINGULAR			PLURAL		
ja (I)	ty (you)	on/ona/ono (he/she/it)	my (we)	Vy/vy (you)	oni/ony (they)
začínam	začínaš	začína	začíname	začínate	začínajú

FUTURE TENSE					
SINGULAR			PLURAL		
ja (I)	ty (you)	on/ona/ono (he/she/it)	my (we)	Vy/vy (you)	oni/ony (they)
začnem	začneš	začne	začneme	začnete	začnú

PAST TENSE							
SINGULAR					PLURAL		
ja (I)	ty (you)	on (he)	ona (she)	ono (it)	my (we)	Vy/vy (you)	oni/ony
začal(a) som	začal(a) si	začal	začala	začalo	začali sme	začali ste	začali

10. To break zlomiť

PRESENT TENSE					
SINGULAR			PLURAL		
ja (I)	ty (you)	on/ona/ono (he/she/it)	my (we)	Vy/vy (you)	oni/ony (they)
lámem	lámeš	láme	lámeme	lámete	lámu

FUTURE TENSE					
SINGULAR			PLURAL		
ja (I)	ty (you)	on/ona/ono (he/she/it)	my (we)	Vy/vy (you)	oni/ony (they)
zlomím	zlomíš	zlomí	zlomíme	zlomíte	zlomia

PAST TENSE							
SINGULAR					PLURAL		
ja (I)	ty (you)	on (he)	ona (she)	ono (it)	my (we)	Vy/vy (you)	oni/ony
zlomil(a) som	zlomil(a) si	zlomil	zlomila	zlomilo	zlomili sme	zlomili ste	zlomili

11. To breathe dýchať

PRESENT TENSE					
SINGULAR			**PLURAL**		
ja (I)	ty (you)	on/ona/ono (he/she/it)	my (we)	Vy/vy (you)	oni/ony (they)
dýcham	dýchaš	dýcha	dýchame	dýchate	dýchajú

FUTURE TENSE					
SINGULAR			**PLURAL**		
ja (I)	ty (you)	on/ona/ono (he/she/it)	my (we)	Vy/vy (you)	oni/ony (they)
budem dýchať	**budeš** dýchať	**bude** dýchať	**budeme** dýchať	**budete** dýchať	**budú** dýchať

PAST TENSE								
SINGULAR					**PLURAL**			
ja (I)	ty (you)	on (he)	ona (she)	ono (it)	my (we)	Vy/vy (you)	oni/ony	
dýchal(a) **som**	dýchal(a) **si**	dýchal	dýchala	dýchalo	dýchali **sme**	dýchali **ste**	dýchali	

12. To buy – kúpiť

PRESENT TENSE					
SINGULAR			PLURAL		
ja (I)	ty (you)	on/ona/ono (he/she/it)	my (we)	Vy/vy (you)	oni/ony (they)
kupujem	kupuješ	kupuje	kupujeme	kupujete	kupujú

FUTURE TENSE					
SINGULAR			PLURAL		
ja (I)	ty (you)	on/ona/ono (he/she/it)	my (we)	Vy/vy (you)	oni/ony (they)
kúpim	kúpiš	kúpi	kúpime	kúpite	kúpia

PAST TENSE							
SINGULAR					PLURAL		
ja (I)	ty (you)	on (he)	ona (she)	ono (it)	my (we)	Vy/vy (you)	oni/ony
kúpil(a) som	kúpil(a) si	kúpil	kúpila	kúpilo	kúpili sme	kúpili ste	kúpili

13. To call – volať

PRESENT TENSE					
SINGULAR			PLURAL		
ja (I)	ty (you)	on/ona/ono (he/she/it)	my (we)	Vy/vy (you)	oni/ony (they)
volám	voláš	volá	voláme	voláte	volajú

FUTURE TENSE					
SINGULAR			PLURAL		
ja (I)	ty (you)	on/ona/ono (he/she/it)	my (we)	Vy/vy (you)	oni/ony (they)
budem volať	**budeš** volať	**bude** volať	**budeme** volať	**budete** volať	**budú** volať

PAST TENSE							
SINGULAR					PLURAL		
ja (I)	ty (you)	on (he)	ona (she)	ono (it)	my (we)	Vy/vy (you)	oni/ony
volal(a) **som**	volal(a) **si**	volal	volala	volalo	volali **sme**	volali **ste**	volali

14. To can – môcť

PRESENT TENSE					
SINGULAR			**PLURAL**		
ja (I)	ty (you)	on/ona/ono (he/she/it)	my (we)	Vy/vy (you)	oni/ony (they)
môžem	môžeš	môže	môžeme	môžete	môžu

FUTURE TENSE					
SINGULAR			**PLURAL**		
ja (I)	ty (you)	on/ona/ono (he/she/it)	my (we)	Vy/vy (you)	oni/ony (they)
budem môcť	**budeš** môcť	**bude** môcť	**budeme** môcť	**budete** môcť	**budú** môcť

PAST TENSE							
SINGULAR					**PLURAL**		
ja (I)	ty (you)	on (he)	ona (she)	ono (it)	my (we)	Vy/vy (you)	oni/ony
mohol (mohla) **som**	mohol (mohla) **si**	mohol	mohla	mohlo	mohli **sme**	mohli **ste**	mohli

15. To choose – vybrať

PRESENT TENSE					
SINGULAR			**PLURAL**		
ja (I)	ty (you)	on/ona/ono (he/she/it)	my (we)	Vy/vy (you)	oni/ony (they)
vyberám	vyberáš	vyberá	vyberáme	vyberáte	vyberajú

FUTURE TENSE					
SINGULAR			**PLURAL**		
ja (I)	ty (you)	on/ona/ono (he/she/it)	my (we)	Vy/vy (you)	oni/ony (they)
vyberiem	vyberieš	vyberie	vyberieme	vyberiete	vyberú

PAST TENSE							
SINGULAR					**PLURAL**		
ja (I)	ty (you)	on (he)	ona (she)	ono (it)	my (we)	Vy/vy (you)	oni/ony
vybral(a) **som**	vybral(a) **si**	vybral	vybrala	vybralo	vybrali **sme**	vybrali **ste**	vybrali

16. To close – zavrieť

PRESENT TENSE					
SINGULAR			PLURAL		
ja (I)	ty (you)	on/ona/ono (he/she/it)	my (we)	Vy/vy (you)	oni/ony (they)
zatváram	zatváraš	zatvára	zatvárame	zatvárate	zatvárajú

FUTURE TENSE					
SINGULAR			PLURAL		
ja (I)	ty (you)	on/ona/ono (he/she/it)	my (we)	Vy/vy (you)	oni/ony (they)
zavriem	zavrieš	zavrie	zavrieme	zavriete	zavrú

PAST TENSE							
SINGULAR					PLURAL		
ja (I)	ty (you)	on (he)	ona (she)	ono (it)	my (we)	Vy/vy (you)	oni/ony
zavrel(a) **som**	zavrel(a) **si**	zavrel	zavrela	zavrelo	zavreli **sme**	zavreli **ste**	zavreli

17. To come – prísť

PRESENT TENSE					
SINGULAR			PLURAL		
ja (I)	ty (you)	on/ona/ono (he/she/it)	my (we)	Vy/vy (you)	oni/ony (they)
prichádzam	prichádzaš	prichádza	prichádzame	prichádzate	prichádzajú

FUTURE TENSE					
SINGULAR			PLURAL		
ja (I)	ty (you)	on/ona/ono (he/she/it)	my (we)	Vy/vy (you)	oni/ony (they)
prídem	prídeš	príde	prídeme	prídete	prídu

PAST TENSE								
SINGULAR					PLURAL			
ja (I)	ty (you)	on (he)	ona (she)	ono (it)	my (we)	Vy/vy (you)	oni/ony	
prišiel (prišla) **som**	prišiel (prišla) **si**	prišiel	prišla	prišlo	prišli **sme**	prišli **ste**	prišli	

18. To cook – variť

PRESENT TENSE					
SINGULAR			PLURAL		
ja (I)	ty (you)	on/ona/ono (he/she/it)	my (we)	Vy/vy (you)	oni/ony (they)
varím	varíš	varí	varíme	varíte	varia

FUTURE TENSE					
SINGULAR			PLURAL		
ja (I)	ty (you)	on/ona/ono (he/she/it)	my (we)	Vy/vy (you)	oni/ony (they)
budem variť	**budeš** variť	**bude** variť	**budeme** variť	**budete** variť	**budú** variť

PAST TENSE						
SINGULAR					PLURAL	
ja (I)	ty (you)	on (he)	ona (she)	ono (it)	my (we)	Vy/vy (you)	oni/ony
varil(a) **som**	varil(a) **si**	varil	varila	varilo	varili **sme**	varili **ste**	varili

19. To cry – plakať

PRESENT TENSE						
SINGULAR			PLURAL			
ja (I)	ty (you)	on/ona/ono (he/she/it)	my (we)	Vy/vy (you)	oni/ony (they)	
plačem	plačeš	plače	plačeme	plačete	plačú	

FUTURE TENSE						
SINGULAR			PLURAL			
ja (I)	ty (you)	on/ona/ono (he/she/it)	my (we)	Vy/vy (you)	oni/ony (they)	
budem plakať	**budeš** plakať	**bude** plakať	**budeme** plakať	**budete** plakať	**budú** plakať	

PAST TENSE							
SINGULAR					PLURAL		
ja (I)	ty (you)	on (he)	ona (she)	ono (it)	my (we)	Vy/vy (you)	oni/ony
plakal(**a**) **som**	plakal(**a**) **si**	plakal	plakala	plakalo	plakali **sme**	plakali **ste**	plakali

20. To dance – tancovať

PRESENT TENSE					
SINGULAR			PLURAL		
ja (I)	ty (you)	on/ona/ono (he/she/it)	my (we)	Vy/vy (you)	oni/ony (they)
tancujem	tancuješ	tancuje	tancujeme	tancujete	tancujú

FUTURE TENSE					
SINGULAR			PLURAL		
ja (I)	ty (you)	on/ona/ono (he/she/it)	my (we)	Vy/vy (you)	oni/ony (they)
budem tancovať	**budeš** tancovať	**bude** tancovať	**budeme** tancovať	**budete** tancovať	**budú** tancovať

PAST TENSE								
SINGULAR					PLURAL			
ja (I)	ty (you)	on (he)	ona (she)	ono (it)	my (we)	Vy/vy (you)	oni/ony	
tancoval(a) **som**	tancoval(a) **si**	tancoval	tancovala	tancovalo	tancovali **sme**	tancovali **ste**	tancovali	

21. To decide – rozhodnúť sa

PRESENT TENSE					
SINGULAR			PLURAL		
ja (I)	ty (you)	on/ona/ono (he/she/it)	my (we)	Vy/vy (you)	oni/ony (they)
rozhodujem sa	rozhoduješ sa	rozhoduje sa	rozhodujeme sa	rozhodujete sa	rozhodujú sa

FUTURE TENSE					
SINGULAR			PLURAL		
ja (I)	ty (you)	on/ona/ono (he/she/it)	my (we)	Vy/vy (you)	oni/ony (they)
rozhodnem sa	rozhodneš sa	rozhodne sa	rozhodneme sa	rozhodnete sa	rozhodnú sa

PAST TENSE								
SINGULAR					PLURAL			
ja (I)	ty (you)	on (he)	ona (she)	ono (it)	my (we)	Vy/vy (you)	oni/ony	
rozhodol (rozhodla) som sa	rozhodol (rozhodla) si sa	rozhodol sa	rozhodla sa	rozhodlo sa	rozhodli sme sa	rozhodli ste sa	rozhodli sa	

22. To decrease – klesať

PRESENT TENSE					
SINGULAR			**PLURAL**		
ja (I)	ty (you)	on/ona/ono (he/she/it)	my (we)	Vy/vy (you)	oni/ony (they)
klesám	klesáš	klesá	klesáme	klesáte	klesajú

FUTURE TENSE					
SINGULAR			**PLURAL**		
ja (I)	ty (you)	on/ona/ono (he/she/it)	my (we)	Vy/vy (you)	oni/ony (they)
klesnem	klesneš	klesne	klesneme	klesnete	klesnú

PAST TENSE							
SINGULAR					**PLURAL**		
ja (I)	ty (you)	on (he)	ona (she)	ono (it)	my (we)	Vy/vy (you)	oni/ony
klesal(a) som	klesal(a) si	klesol	klesla	klesalo	klesali sme	klesali ste	klesali

23. To die – zomrieť

PRESENT TENSE					
SINGULAR			PLURAL		
ja (I)	ty (you)	on/ona/ono (he/she/it)	my (we)	Vy/vy (you)	oni/ony (they)
zomieram	zomieraš	zomiera	zomierame	zomierate	zomierajú

FUTURE TENSE					
SINGULAR			PLURAL		
ja (I)	ty (you)	on/ona/ono (he/she/it)	my (we)	Vy/vy (you)	oni/ony (they)
zomriem	zomrieš	zomrie	zomrieme	zomriete	zomrú

PAST TENSE								
SINGULAR					PLURAL			
ja (I)	ty (you)	on (he)	ona (she)	ono (it)	my (we)	Vy/vy (you)	oni/ony	
zomrel(a) **som**	zomrel(a) **si**	zomrel	zomrela	zomrelo	zomreli **sme**	zomreli **ste**	zomreli	

24. To do – robiť

PRESENT TENSE						
SINGULAR			PLURAL			
ja (I)	ty (you)	on/ona/ono (he/she/it)	my (we)	Vy/vy (you)	oni/ony (they)	
robím	robíš	robí	robíme	robíte	robia	

FUTURE TENSE						
SINGULAR			PLURAL			
ja (I)	ty (you)	on/ona/ono (he/she/it)	my (we)	Vy/vy (you)	oni/ony (they)	
budem robiť	**budeš** robiť	**bude** robiť	**budeme** robiť	**budete** robiť	**budú** robiť	

PAST TENSE							
SINGULAR					PLURAL		
ja (I)	ty (you)	on (he)	ona (she)	ono (it)	my (we)	Vy/vy (you)	oni/ony
robil(a) **som**	robil(a) **si**	robil	robila	robilo	robili **sme**	robili **ste**	robili

25. To drink – piť

PRESENT TENSE					
SINGULAR			PLURAL		
ja (I)	ty (you)	on/ona/ono (he/she/it)	my (we)	Vy/vy (you)	oni/ony (they)
pijem	piješ	pije	pijeme	pijete	pijú

FUTURE TENSE					
SINGULAR			PLURAL		
ja (I)	ty (you)	on/ona/ono (he/she/it)	my (we)	Vy/vy (you)	oni/ony (they)
budem piť	budeš piť	bude piť	budeme piť	budete piť	budú piť

PAST TENSE							
SINGULAR					PLURAL		
ja (I)	ty (you)	on (he)	ona (she)	ono (it)	my (we)	Vy/vy (you)	oni/ony
pil(a) som	pil(a) si	pil	pila	pilo	pili sme	pili ste	pili

26. To drive – šoférovať

PRESENT TENSE					
SINGULAR			PLURAL		
ja (I)	ty (you)	on/ona/ono (he/she/it)	my (we)	Vy/vy (you)	oni/ony (they)
šoférujem	šoféruješ	šoféruje	šoférujeme	šoférujete	šoférujú

FUTURE TENSE					
SINGULAR			PLURAL		
ja (I)	ty (you)	on/ona/ono (he/she/it)	my (we)	Vy/vy (you)	oni/ony (they)
budem šoférovať	**budeš** šoférovať	**bude** šoférovať	**budeme** šoférovať	**budete** šoférovať	**budú** šoférovať

PAST TENSE							
SINGULAR					PLURAL		
ja (I)	ty (you)	on (he)	ona (she)	ono (it)	my (we)	Vy/vy (you)	oni/ony
šoféroval(a) **som**	šoféroval(a) **si**	šoféroval	šoférovala	šoférovalo	šoférovali **sme**	šoférovali **ste**	šoférovali

27. To eat – jesť

PRESENT TENSE

SINGULAR			PLURAL		
ja (I)	ty (you)	on/ona/ono (he/she/it)	my (we)	Vy/vy (you)	oni/ony (they)
jem	ješ	je	jeme	jete	jedia

FUTURE TENSE

SINGULAR			PLURAL		
ja (I)	ty (you)	on/ona/ono (he/she/it)	my (we)	Vy/vy (you)	oni/ony (they)
budem jesť	budeš jesť	bude jesť	budeme jesť	budete jesť	budú jesť

PAST TENSE

SINGULAR					PLURAL		
ja (I)	ty (you)	on (he)	ona (she)	ono (it)	my (we)	Vy/vy (you)	oni/ony
jedol (jedla) som	jedol (jedla) si	jedol	jedla	jedlo	jedli sme	jedli ste	jedli

28. To enter – vstúpiť

PRESENT TENSE					
SINGULAR			PLURAL		
ja (I)	ty (you)	on/ona/ono (he/she/it)	my (we)	Vy/vy (you)	oni/ony (they)
vstupujem	vstupuješ	vstupuje	vstupujeme	vstupujete	vstupujú

FUTURE TENSE					
SINGULAR			PLURAL		
ja (I)	ty (you)	on/ona/ono (he/she/it)	my (we)	Vy/vy (you)	oni/ony (they)
vstúpim	vstúpiš	vstúpi	vstúpime	vstúpite	vstúpia

PAST TENSE							
SINGULAR					PLURAL		
ja (I)	ty (you)	on (he)	ona (she)	ono (it)	my (we)	Vy/vy (you)	oni/ony
vstúpil(a) som	vstúpil(a) si	vstúpil	vstúpila	vstúpilo	vstúpili sme	vstúpili ste	vstúpili

29. To exit - vystúpiť

PRESENT TENSE					
SINGULAR			PLURAL		
ja (I)	ty (you)	on/ona/ono (he/she/it)	my (we)	Vy/vy (you)	oni/ony (they)
Vystupujem	Vystupuješ	Vystupuje	Vystupujeme	Vystupujete	Vystupujú

FUTURE TENSE					
SINGULAR			PLURAL		
ja (I)	ty (you)	on/ona/ono (he/she/it)	my (we)	Vy/vy (you)	oni/ony (they)
vystúpim	vystúpiš	vystúpi	vystúpime	vystúpite	vystúpia

PAST TENSE							
SINGULAR					PLURAL		
ja (I)	ty (you)	on (he)	ona (she)	ono (it)	my (we)	Vy/vy (you)	oni/ony
vystúpil (a) som	vystúpil(a) si	vystúpil	vystúpila	vystúpilo	vystúpili sme	vystúpili ste	vystúpili

30. To explain – vysvetliť

PRESENT TENSE					
SINGULAR			PLURAL		
ja (I)	ty (you)	on/ona/ono (he/she/it)	my (we)	Vy/vy (you)	oni/ony (they)
vysvetľujem	vysvetľuješ	vysvetľuje	vysvetľujeme	vysvetľujete	vysvetľujú

FUTURE TENSE					
SINGULAR			PLURAL		
ja (I)	ty (you)	on/ona/ono (he/she/it)	my (we)	Vy/vy (you)	oni/ony (they)
vysvetlím	vysvetlíš	vysvetlí	vysvetlíme	vysvetlíte	vysvetlia

PAST TENSE							
SINGULAR					PLURAL		
ja (I)	ty (you)	on (he)	ona (she)	ono (it)	my (we)	Vy/vy (you)	oni/ony
vysvetlil(a) som	vysvetlil(a) si	vysvetlil	vysvetlila	vysvetlilo	vysvetlili sme	vysvetlili ste	vysvetlili

31. To fall – spadnúť

PRESENT TENSE					
SINGULAR			PLURAL		
ja (I)	ty (you)	on/ona/ono (he/she/it)	my (we)	Vy/vy (you)	oni/ony (they)
padám	padáš	padá	padáme	padáte	padajú

FUTURE TENSE					
SINGULAR			PLURAL		
ja (I)	ty (you)	on/ona/ono (he/she/it)	my (we)	Vy/vy (you)	oni/ony (they)
spadnem	spadneš	spadne	spadneme	spadnete	spadnú

PAST TENSE							
SINGULAR					PLURAL		
ja (I)	ty (you)	on (he)	ona (she)	ono (it)	my (we)	Vy/vy (you)	oni/ony
spadol spadla som	spadol spadla si	spadol	spadla	spadlo	spadli sme	spadli ste	spadli

32. To feel – cítiť

PRESENT TENSE					
SINGULAR			PLURAL		
ja (I)	ty (you)	on/ona/ono (he/she/it)	my (we)	Vy/vy (you)	oni/ony (they)
cítim	cítiš	cíti	cítime	cítite	cítia

FUTURE TENSE					
SINGULAR			PLURAL		
ja (I)	ty (you)	on/ona/ono (he/she/it)	my (we)	Vy/vy (you)	oni/ony (they)
budem cítiť	budeš cítiť	bude cítiť	budeme cítiť	budete cítiť	budú cítiť

PAST TENSE							
SINGULAR					PLURAL		
ja (I)	ty (you)	on (he)	ona (she)	ono (it)	my (we)	Vy/vy (you)	oni/ony
cítil(a) som	cítil(a) si	cítil	cítila	cítilo	cítili sme	cítili ste	cítili

33. To fight – bojovať

PRESENT TENSE					
SINGULAR			PLURAL		
ja (I)	ty (you)	on/ona/ono (he/she/it)	my (we)	Vy/vy (you)	oni/ony (they)
bojujem	bojuješ	bojuje	bojujeme	bojujete	bojujú

FUTURE TENSE					
SINGULAR			PLURAL		
ja (I)	ty (you)	on/ona/ono (he/she/it)	my (we)	Vy/vy (you)	oni/ony (they)
budem bojovať	**budeš** bojovať	**bude** bojovať	**budeme** bojovať	**budete** bojovať	**budú** bojovať

PAST TENSE							
SINGULAR					PLURAL		
ja (I)	ty (you)	on (he)	ona (she)	ono (it)	my (we)	Vy/vy (you)	oni/ony
bojoval(a) **som**	bojoval(a) **si**	bojoval	bojovala	bojovalo	bojovali **sme**	bojovali **ste**	bojovali

34. To find – nájsť

PRESENT TENSE					
SINGULAR			**PLURAL**		
ja (I)	ty (you)	on/ona/ono (he/she/it)	my (we)	Vy/vy (you)	oni/ony (they)
nachádzam	nachádzaš	nachádza	nachádzame	nachádzate	nachádzajú

FUTURE TENSE					
SINGULAR			**PLURAL**		
ja (I)	ty (you)	on/ona/ono (he/she/it)	my (we)	Vy/vy (you)	oni/ony (they)
nájdem	nájdeš	nájde	nájdeme	nájdete	nájdu

PAST TENSE							
SINGULAR					**PLURAL**		
ja (I)	ty (you)	on (he)	ona (she)	ono (it)	my (we)	Vy/vy (you)	oni/ony
našiel našla) **som**	našielnašla) **si**	našiel	našla	našlo	našli **sme**	našli **ste**	našli

35. To finish – skončiť

PRESENT TENSE					
SINGULAR			PLURAL		
ja (I)	ty (you)	on/ona/ono (he/she/it)	my (we)	Vy/vy (you)	oni/ony (they)
končím	končíš	končí	končíme	končíte	končia

FUTURE TENSE					
SINGULAR			PLURAL		
ja (I)	ty (you)	on/ona/ono (he/she/it)	my (we)	Vy/vy (you)	oni/ony (they)
skončím	skončíš	skončí	skončíme	skončíte	skončia

PAST TENSE							
SINGULAR					PLURAL		
ja (I)	ty (you)	on (he)	ona (she)	ono (it)	my (we)	Vy/vy (you)	oni/ony
skončil(a) **som**	skončil(a) **si**	skončil	skončila	skončilo	skončili **sme**	skončili **ste**	skončili

36. To fly - lietať

PRESENT TENSE					
SINGULAR			**PLURAL**		
ja (I)	ty (you)	on/ona/ono (he/she/it)	my (we)	Vy/vy (you)	oni/ony (they)
lietam	lietaš	lieta	lietame	lietate	lietajú

FUTURE TENSE					
SINGULAR			**PLURAL**		
ja (I)	ty (you)	on/ona/ono (he/she/it)	my (we)	Vy/vy (you)	oni/ony (they)
budem lietať	**budeš** lietať	**bude** lietať			

PAST TENSE							
SINGULAR					**PLURAL**		
ja (I)	ty (you)	on (he)	ona (she)	ono (it)	my (we)	Vy/vy (you)	oni/ony
lietal (a) **som**	lietal(a) **si**	lietal	lietala	lietalo	lietali sme	lietali **ste**	lietali

37. To forget – zabudnúť

PRESENT TENSE					
SINGULAR			PLURAL		
ja (I)	ty (you)	on/ona/ono (he/she/it)	my (we)	Vy/vy (you) .	oni/ony (they)
zabúdam	zabúdaš	zabúda	zabúdame	zabúdate	zabúdajú

FUTURE TENSE					
SINGULAR			PLURAL		
ja (I)	ty (you)	on/ona/ono (he/she/it)	my (we)	Vy/vy (you)	oni/ony (they)
zabudnem	zabudneš	zabudne	zabudneme	zabudnete	zabudnú

PAST TENSE							
SINGULAR					PLURAL		
ja (I)	ty (you)	on (he)	ona (she)	ono (it)	my (we)	Vy/vy (you)	oni/ony
zabudol zabudla) **som**	zabudol zabudla) **si**	zabudol	zabudla	zabudlo	zabudli **sme**	zabudli **ste**	zabudli

38. To get up – vstať

PRESENT TENSE					
SINGULAR			PLURAL		
ja (I)	ty (you)	on/ona/ono (he/she/it)	my (we)	Vy/vy (you)	oni/ony (they)
vstávam	vstávaš	vstáva	vstávame	vstávate	vstávajú

FUTURE TENSE					
SINGULAR			PLURAL		
ja (I)	ty (you)	on/ona/ono (he/she/it)	my (we)	Vy/vy (you)	oni/ony (they)
vstanem	vstaneš	vstane	vstaneme	vstanete	vstanú

PAST TENSE							
SINGULAR					PLURAL		
ja (I)	ty (you)	on (he)	ona (she)	ono (it)	my (we)	Vy/vy (you)	oni/ony
vstal(a) **som**	vstal(a) **si**	vstal	vstala	vstalo	vstali **sme**	vstali **ste**	vstali

39. To give – dať

PRESENT TENSE					
SINGULAR			**PLURAL**		
ja (I)	ty (you)	on/ona/ono (he/she/it)	my (we)	Vy/vy (you)	oni/ony (they)
dávam	dávaš	dáva	dávame	dávate	dávajú

FUTURE TENSE					
SINGULAR			**PLURAL**		
ja (I)	ty (you)	on/ona/ono (he/she/it)	my (we)	Vy/vy (you)	oni/ony (they)
dám	dáš	dá	dáme	dáte	dajú

PAST TENSE							
SINGULAR					**PLURAL**		
ja (I)	ty (you)	on (he)	ona (she)	ono (it)	my (we)	Vy/vy (you)	oni/ony
dal(a) **som**	dal(a) **si**	dal	dala	dalo	dali **sme**	dali **ste**	dali

40. To go – ísť

PRESENT TENSE					
SINGULAR			PLURAL		
ja (I)	ty (you)	on/ona/ono (he/she/it)	my (we)	Vy/vy (you)	oni/ony (they)
idem	ideš	ide	ideme	idete	idú

FUTURE TENSE					
SINGULAR			PLURAL		
ja (I)	ty (you)	on/ona/ono (he/she/it)	my (we)	Vy/vy (you)	oni/ony (they)
pôjdem	pôjdeš	pôjde	pôjdeme	pôjdete	pôjdu

PAST TENSE							
SINGULAR					PLURAL		
ja (I)	ty (you)	on (he)	ona (she)	ono (it)	my (we)	Vy/vy (you)	oni/ony
išielišla som	išiel (išla) si	išiel	išla	išlo	išli sme	išli ste	išli

41. To happen – stať sa

PRESENT TENSE					
SINGULAR			PLURAL		
ja (I)	ty (you)	on/ona/ono (he/she/it)	my (we)	Vy/vy (you)	oni/ony (they)
stávam sa	stávaš sa	stáva sa	stávame sa	stávate sa	stávajú sa

FUTURE TENSE					
SINGULAR			PLURAL		
ja (I)	ty (you)	on/ona/ono (he/she/it)	my (we)	Vy/vy (you)	oni/ony (they)
stanem sa	staneš sa	stane sa	staneme sa	stanete sa	stanú sa

PAST TENSE							
SINGULAR					PLURAL		
ja (I)	ty (you)	on (he)	ona (she)	ono (it)	my (we)	Vy/vy (you)	oni/ony
stal(a) som sa	stal(a) si sa	stal sa	stala sa	stalo sa	stali sme sa	stali ste sa	stali sa

42. To have – mať

PRESENT TENSE					
SINGULAR			PLURAL		
ja (I)	ty (you)	on/ona/ono (he/she/it)	my (we)	Vy/vy (you)	oni/ony (they)
mám	máš	má	máme	máte	majú

FUTURE TENSE					
SINGULAR			PLURAL		
ja (I)	ty (you)	on/ona/ono (he/she/it)	my (we)	Vy/vy (you)	oni/ony (they)
budem mať	**budeš** mať	**bude** mať	**budeme** mať	**budete** mať	**budú** mať

PAST TENSE							
SINGULAR					PLURAL		
ja (I)	ty (you)	on (he)	ona (she)	ono (it)	my (we)	Vy/vy (you)	oni/ony
mal(a) **som**	mal(a) **si**	mal	mala	malo	mali **sme**	mali **ste**	mali

43. To hear – počuť

<table>
<tr><th colspan="7">PRESENT TENSE</th></tr>
<tr><th colspan="3">SINGULAR</th><th colspan="3">PLURAL</th></tr>
<tr><td>ja (I)</td><td>ty (you)</td><td>on/ona/ono (he/she/it)</td><td>my (we)</td><td>Vy/vy (you)</td><td>oni/ony (they)</td></tr>
<tr><td>počujem</td><td>počuješ</td><td>počuje</td><td>počujeme</td><td>počujete</td><td>počujú</td></tr>
</table>

<table>
<tr><th colspan="7">FUTURE TENSE</th></tr>
<tr><th colspan="3">SINGULAR</th><th colspan="3">PLURAL</th></tr>
<tr><td>ja (I)</td><td>ty (you)</td><td>on/ona/ono (he/she/it)</td><td>my (we)</td><td>Vy/vy (you)</td><td>oni/ony (they)</td></tr>
<tr><td>**budem** počuť</td><td>**budeš** počuť</td><td>**bude** počuť</td><td>**budeme** počuť</td><td>**budete** počuť</td><td>**budú** počuť</td></tr>
</table>

<table>
<tr><th colspan="8">PAST TENSE</th></tr>
<tr><th colspan="5">SINGULAR</th><th colspan="3">PLURAL</th></tr>
<tr><td>ja (I)</td><td>ty (you)</td><td>on (he)</td><td>ona (she)</td><td>ono (it)</td><td>my (we)</td><td>Vy/vy (you)</td><td>oni/ony</td></tr>
<tr><td>počul(a) **som**</td><td>počul(a) **si**</td><td>počul</td><td>počula</td><td>počulo</td><td>počuli **sme**</td><td>počuli **ste**</td><td>počuli</td></tr>
</table>

49

44. To help – pomáhať

PRESENT TENSE					
SINGULAR			PLURAL		
ja (I)	ty (you)	on/ona/ono (he/she/it)	my (we)	Vy/vy (you)	oni/ony (they)
pomáham	pomáhaš	pomáha	pomáhame	pomáhate	pomáhajú

FUTURE TENSE					
SINGULAR			PLURAL		
ja (I)	ty (you)	on/ona/ono (he/she/it)	my (we)	Vy/vy (you)	oni/ony (they)
pomôžem	pomôžeš	pomôže	pomôžeme	pomôžete	pomôžu

PAST TENSE							
SINGULAR					PLURAL		
ja (I)	ty (you)	on (he)	ona (she)	ono (it)	my (we)	Vy/vy (you)	oni/ony
pomohol pomohla) **som**	pomohol (pomohla) **si**	pomohol	pomohla	pomohlo	pomohli **sme**	pomohli **ste**	pomohli

45. To hold – držať

PRESENT TENSE					
SINGULAR			PLURAL		
ja (I)	ty (you)	on/ona/ono (he/she/it)	my (we)	Vy/vy (you)	oni/ony (they)
držím	držíš	drží	držíme	držíte	držia

FUTURE TENSE					
SINGULAR			PLURAL		
ja (I)	ty (you)	on/ona/ono (he/she/it)	my (we)	Vy/vy (you)	oni/ony (they)
budem držať	**budeš** držať	**bude** držať	**budeme** držať	**budete** držať	**budú** držať

PAST TENSE							
SINGULAR					PLURAL		
ja (I)	ty (you)	on (he)	ona (she)	ono (it)	my (we)	Vy/vy (you)	oni/ony
držal(a) **som**	držal(a) **si**	držal	držala	držalo	držali **sme**	držali **ste**	držali

46. To increase – rásť

PRESENT TENSE						
SINGULAR			PLURAL			
ja (I)	ty (you)	on/ona/ono (he/she/it)	my (we)	Vy/vy (you)	oni/ony (they)	
rastiem	rastieš	rastie	rastieme	rastiete	rastú	

FUTURE TENSE						
SINGULAR			PLURAL			
ja (I)	ty (you)	on/ona/ono (he/she/it)	my (we)	Vy/vy (you)	oni/ony (they)	
budem rásť	**budeš** rásť	**bude** rásť	**budeme** rásť	**budete** rásť	**budú** rásť	

PAST TENSE							
SINGULAR					PLURAL		
ja (I)	ty (you)	on (he)	ona (she)	ono (it)	my (we)	Vy/vy (you)	oni/ony
rástol (rástla) **som**	rástol (rástla) **si**	rástol	rástla	rástlo	rástli **sme**	rástli **ste**	rástli

47. To introduce – predstaviť

<table>
<tr><td colspan="6">PRESENT TENSE</td></tr>
<tr><td colspan="3">SINGULAR</td><td colspan="3">PLURAL</td></tr>
<tr><td>ja (I)</td><td>ty (you)</td><td>on/ona/ono (he/she/it)</td><td>my (we)</td><td>Vy/vy (you)</td><td>oni/ony (they)</td></tr>
<tr><td>predstavujem</td><td>predstavuješ</td><td>predstavuje</td><td>predstavujeme</td><td>predstavujete</td><td>predstavujú</td></tr>
</table>

<table>
<tr><td colspan="6">FUTURE TENSE</td></tr>
<tr><td colspan="3">SINGULAR</td><td colspan="3">PLURAL</td></tr>
<tr><td>ja (I)</td><td>ty (you)</td><td>on/ona/ono (he/she/it)</td><td>my (we)</td><td>Vy/vy (you)</td><td>oni/ony (they)</td></tr>
<tr><td>predstavím</td><td>predstavíš</td><td>predstaví</td><td>predstavíme</td><td>predstavíte</td><td>predstavia</td></tr>
</table>

<table>
<tr><td colspan="5">PAST TENSE</td><td colspan="3"></td></tr>
<tr><td colspan="5">SINGULAR</td><td colspan="3">PLURAL</td></tr>
<tr><td>ja (I)</td><td>ty (you)</td><td>on (he)</td><td>ona (she)</td><td>ono (it)</td><td>my (we)</td><td>Vy/vy (you)</td><td>oni/ony</td></tr>
<tr><td>predstavil(a)
som</td><td>predstavil(a)
si</td><td>predstavil</td><td>predstavila</td><td>predstavilo</td><td>predstavili
sme</td><td>predstavili
ste</td><td>predstavili</td></tr>
</table>

48. To invite – pozvať

PRESENT TENSE					
SINGULAR			PLURAL		
ja (I)	ty (you)	on/ona/ono (he/she/it)	my (we)	Vy/vy (you)	oni/ony (they)
pozývam	pozývaš	pozýva	pozývame	pozývate	pozývajú

FUTURE TENSE					
SINGULAR			PLURAL		
ja (I)	ty (you)	on/ona/ono (he/she/it)	my (we)	Vy/vy (you)	oni/ony (they)
pozvem	pozveš	pozve	pozveme	pozvete	pozvú

PAST TENSE							
SINGULAR					PLURAL		
ja (I)	ty (you)	on (he)	ona (she)	ono (it)	my (we)	Vy/vy (you)	oni/ony
pozval(a) som	pozval(a) si	pozval	pozvala	pozvalo	pozvali sme	pozvali ste	pozvali

49. To kill – zabíjať

PRESENT TENSE					
SINGULAR			PLURAL		
ja (I)	ty (you)	on/ona/ono (he/she/it)	my (we)	Vy/vy (you)	oni/ony (they)
zabíjam	zabíjaš	zabíja	zabíjame	zabíjate	zabíjajú

FUTURE TENSE					
SINGULAR			PLURAL		
ja (I)	ty (you)	on/ona/ono (he/she/it)	my (we)	Vy/vy (you)	oni/ony (they)
zabijem	zabiješ	zabije	zabijeme	zabijete	zabijú

PAST TENSE							
SINGULAR					PLURAL		
ja (I)	ty (you)	on (he)	ona (she)	ono (it)	my (we)	Vy/vy (you)	oni/ony
zabil(a) som	zabil(a) si	zabil	zabila	zabilo	zabili sme	zabili ste	zabili

50. To kiss – pobozkať

PRESENT TENSE					
SINGULAR			**PLURAL**		
ja (I)	ty (you)	on/ona/ono (he/she/it)	my (we)	Vy/vy (you)	oni/ony (they)
bozkávam	bozkávaš	bozkáva	bozkávame	bozkávate	bozkávajú

FUTURE TENSE					
SINGULAR			**PLURAL**		
ja (I)	ty (you)	on/ona/ono (he/she/it)	my (we)	Vy/vy (you)	oni/ony (they)
pobozkám	pobozkáš	pobozká	pobozkáme	pobozkáte	pobozkajú

PAST TENSE							
SINGULAR					**PLURAL**		
ja (I)	ty (you)	on (he)	ona (she)	ono (it)	my (we)	Vy/vy (you)	oni/ony
pobozkal(a) **som**	pobozkal(a) **si**	pobozkal	pobozkala	pobozkalo	pobozkali **sme**	pobozkali **ste**	pobozkali

51. To know – vedieť

PRESENT TENSE					
SINGULAR			PLURAL		
ja (I)	ty (you)	on/ona/ono (he/she/it)	my (we)	Vy/vy (you)	oni/ony (they)
viem	vieš	vie	vieme	viete	vedia

FUTURE TENSE					
SINGULAR			PLURAL		
ja (I)	ty (you)	on/ona/ono (he/she/it)	my (we)	Vy/vy (you)	oni/ony (they)
budem vedieť	**budeš** vedieť	**bude** vedieť	**budeme** vedieť	**budete** vedieť	**budú** vedieť

PAST TENSE							
SINGULAR					PLURAL		
ja (I)	ty (you)	on (he)	ona (she)	ono (it)	my (we)	Vy/vy (you)	oni/ony
vedel(a) **som**	vedel(a) **si**	vedel	vedela	vedelo	vedeli **sme**	vedeli **ste**	vedeli

52. To laugh – smiať sa

PRESENT TENSE					
SINGULAR			PLURAL		
ja (I)	ty (you)	on/ona/ono (he/she/it)	my (we)	Vy/vy (you)	oni/ony (they)
smejem sa	smeješ sa	smeje sa	smejeme sa	smejete sa	smejú sa

FUTURE TENSE					
SINGULAR			PLURAL		
ja (I)	ty (you)	on/ona/ono (he/she/it)	my (we)	Vy/vy (you)	oni/ony (they)
budem sa smiať	**budeš** sa smiať	**bude** sa smiať	**budeme** sa smiať	**budete** sa smiať	**budú** sa smiať

PAST TENSE							
SINGULAR					PLURAL		
ja (I)	ty (you)	on (he)	ona (she)	ono (it)	my (we)	Vy/vy (you)	oni/ony
smial(a) **som** sa	smial(a) **si** sa	smial sa	smiala sa	smialo sa	smiali **sme** sa	smiali **ste** sa	smiali sa

53. To learn – učiť sa

PRESENT TENSE					
SINGULAR			PLURAL		
ja (I)	ty (you)	on/ona/ono (he/she/it)	my (we)	Vy/vy (you)	oni/ony (they)
učím sa	učíš sa	učí sa	učíme sa	učíte sa	učia sa

FUTURE TENSE					
SINGULAR			PLURAL		
ja (I)	ty (you)	on/ona/ono (he/she/it)	my (we)	Vy/vy (you)	oni/ony (they)
budem sa učiť	**budeš** sa učiť	**bude** sa učiť	**budeme** sa učiť	**budete** sa učiť	**budú** sa učiť

PAST TENSE							
SINGULAR					PLURAL		
ja (I)	ty (you)	on (he)	ona (she)	ono (it)	my (we)	Vy/vy (you)	oni/ony
učil(a) **som** sa	učil(a) **si** sa	učil sa	učila sa	učilo sa	učili **sme** sa	učili **ste** sa	učili sa

54. To lie down – ľahnúť si

PRESENT TENSE					
SINGULAR			PLURAL		
ja (I)	ty (you)	on/ona/ono (he/she/it)	my (we)	Vy/vy (you)	oni/ony (they)
ľahíňam si	ľahíňaš si	ľahíňa si	ľahíňame si	ľahíňate si	ľahíňajú si

FUTURE TENSE					
SINGULAR			PLURAL		
ja (I)	ty (you)	on/ona/ono (he/she/it)	my (we)	Vy/vy (you)	oni/ony (they)
ľahnem si	ľahneš si	ľahne si	ľahneme si	ľahnete si	ľahnú si

PAST TENSE							
SINGULAR					PLURAL		
ja (I)	ty (you)	on (he)	ona (she)	ono (it)	my (we)	Vy/vy (you)	oni/ony
ľahol (ľahla) som si	ľahol (ľahla) si si	ľahol si	ľahla si	ľahlo si	ľahli sme si	ľahli ste si	ľahli si

55. To like – páčiť sa

PRESENT TENSE					
SINGULAR			PLURAL		
ja (I)	ty (you)	on/ona/ono (he/she/it)	my (we)	Vy/vy (you)	oni/ony (they)
páčim sa	páčiš sa	páči sa	páčime sa	páčite sa	páčia sa

FUTURE TENSE					
SINGULAR			PLURAL		
ja (I)	ty (you)	on/ona/ono (he/she/it)	my (we)	Vy/vy (you)	oni/ony (they)
budem sa páčiť	**budeš** sa páčiť	**bude** sa páčiť	**budeme** sa páčiť	**budete** sa páčiť	**budú** sa páčiť

PAST TENSE							
SINGULAR					PLURAL		
ja (I)	ty (you)	on (he)	ona (she)	ono (it)	my (we)	Vy/vy (you)	oni/ony
páčil(a) **som** sa	páčil(a) **si** sa	páčil sa	páčila sa	páčilo sa	páčili **sme** sa	páčili **ste** sa	páčili sa

56. To listen počúvať

PRESENT TENSE					
SINGULAR			PLURAL		
ja (I)	ty (you)	on/ona/ono (he/she/it)	my (we)	Vy/vy (you)	oni/ony (they)
počúvam	počúvaš	počúva	počúvame	počúvate	počúvajú

FUTURE TENSE					
SINGULAR			PLURAL		
ja (I)	ty (you)	on/ona/ono (he/she/it)	my (we)	Vy/vy (you)	oni/ony (they)
budem počúvať	**budeš** počúvať	**bude** počúvať	**budeme** počúvať	**budete** počúvať	**budú** počúvať

PAST TENSE							
SINGULAR					PLURAL		
ja (I)	ty (you)	on (he)	ona (she)	ono (it)	my (we)	Vy/vy (you)	oni/ony
počúval(a) **som**	počúval(a) **si**	počúval	počúvala	počúvalo	počúvali **sme**	počúvali **ste**	počúvali

57. To live – žiť

PRESENT TENSE					
SINGULAR			PLURAL		
ja (I)	ty (you)	on/ona/ono (he/she/it)	my (we)	Vy/vy (you)	oni/ony (they)
žijem	žiješ	žije	žijeme	žijete	žijú

FUTURE TENSE					
SINGULAR			PLURAL		
ja (I)	ty (you)	on/ona/ono (he/she/it)	my (we)	Vy/vy (you)	oni/ony (they)
budem žiť	budeš žiť	bude žiť	budeme žiť	budete žiť	budú žiť

PAST TENSE							
SINGULAR					PLURAL		
ja (I)	ty (you)	on (he)	ona (she)	ono (it)	my (we)	Vy/vy (you)	oni/ony
žil(a) som	žil(a) si	žil	žila	žilo	žili sme	žili ste	žili

58. To lose – stratiť

PRESENT TENSE					
SINGULAR			**PLURAL**		
ja (I)	ty (you)	on/ona/ono (he/she/it)	my (we)	Vy/vy (you)	oni/ony (they)
strácam	strácaš	stráca	strácame	strácate	strácajú

FUTURE TENSE					
SINGULAR			**PLURAL**		
ja (I)	ty (you)	on/ona/ono (he/she/it)	my (we)	Vy/vy (you)	oni/ony (they)
stratím	stratíš	stratí	stratíme	stratíte	stratia

PAST TENSE							
SINGULAR					**PLURAL**		
ja (I)	ty (you)	on (he)	ona (she)	ono (it)	my (we)	Vy/vy (you)	oni/ony
stratil(a) **som**	stratil(a) **si**	stratil	stratila	stratilo	stratili **sme**	stratili **ste**	stratili

59. To love – milovať

PRESENT TENSE					
SINGULAR			**PLURAL**		
ja (I)	ty (you)	on/ona/ono (he/she/it)	my (we)	Vy/vy (you)	oni/ony (they)
miluj**em**	miluje**š**	miluje	miluj**eme**	miluj**ete**	miluj**ú**

FUTURE TENSE					
SINGULAR			**PLURAL**		
ja (I)	ty (you)	on/ona/ono (he/she/it)	my (we)	Vy/vy (you)	oni/ony (they)
budem milovať	**budeš** milovať	**bude** milovať	**budeme** milovať	**budete** milovať	**budú** milovať

PAST TENSE							
SINGULAR					**PLURAL**		
ja (I)	ty (you)	on (he)	ona (she)	ono (it)	my (we)	Vy/vy (you)	oni/ony
miloval(**a**) **som**	miloval(**a**) **si**	miloval	milovala	milovalo	milovali **sme**	milovali **ste**	milovali

60. To meet – stretnúť (sa)

PRESENT TENSE					
SINGULAR			PLURAL		
ja (I)	ty (you)	on/ona/ono (he/she/it)	my (we)	Vy/vy (you)	oni/ony (they)
stretám (sa)	stretáš (sa)	stretá (sa)	stretáme (sa)	stretáte (sa)	stretajú (sa)

FUTURE TENSE					
SINGULAR			PLURAL		
ja (I)	ty (you)	on/ona/ono (he/she/it)	my (we)	Vy/vy (you)	oni/ony (they)
stretnem (sa)	stretneš (sa)	stretne (sa)	stretneme (sa)	stretnete (sa)	stretnú (sa)

PAST TENSE							
SINGULAR					PLURAL		
ja (I)	ty (you)	on (he)	ona (she)	ono (it)	my (we)	Vy/vy (you)	oni/ony
stretol (stretla) som (sa)	stretol (stretla) si (sa)	stretol (sa)	stretla (sa)	stretlo (sa)	stretli sme (sa)	stretli ste (sa)	stretli (sa)

61. To need – potrebovať

PRESENT TENSE					
SINGULAR			PLURAL		
ja (I)	ty (you)	on/ona/ono (he/she/it)	my (we)	Vy/vy (you)	oni/ony (they)
potrebujem	potrebuješ	potrebuje	potrebujeme	potrebujete	potrebujú

FUTURE TENSE					
SINGULAR			PLURAL		
ja (I)	ty (you)	on/ona/ono (he/she/it)	my (we)	Vy/vy (you)	oni/ony (they)
budem potrebovať	**budeš** potrebovať	**bude** potrebovať	**budeme** potrebovať	**budete** potrebovať	**budú** potrebovať

PAST TENSE							
SINGULAR					PLURAL		
ja (I)	ty (you)	on (he)	ona (she)	ono (it)	my (we)	Vy/vy (you)	oni/ony
potreboval(a) **som**	potreboval(a) **si**	potreboval	potrebovala	potrebovalo	potrebovali **sme**	potrebovali **ste**	potrebovali

62. To notice – všimnúť si

PRESENT TENSE					
SINGULAR			PLURAL		
ja (I)	ty (you)	on/ona/ono (he/she/it)	my (we)	Vy/vy (you)	oni/ony (they)
všímam si	všímaš si	všíma si	všímame si	všímate si	všímajú si

FUTURE TENSE					
SINGULAR			PLURAL		
ja (I)	ty (you)	on/ona/ono (he/she/it)	my (we)	Vy/vy (you)	oni/ony (they)
všimnem si	všimneš si	všimne si	všimneme si	všimnete si	všimnú si

PAST TENSE							
SINGULAR					PLURAL		
ja (I)	ty (you)	on (he)	ona (she)	ono (it)	my (we)	Vy/vy (you)	oni/ony
všimol všimla som si	všimol všimla) si si	všimol si	všimla si	všimlo si	všimli sme si	všimli ste si	všimli si

63. To open – otvoriť

PRESENT TENSE					
SINGULAR			PLURAL		
ja (I)	ty (you)	on/ona/ono (he/she/it)	my (we)	Vy/vy (you)	oni/ony (they)
otváram	otváraš	otvára	otvárame	otvárate	otvárajú

FUTURE TENSE					
SINGULAR			PLURAL		
ja (I)	ty (you)	on/ona/ono (he/she/it)	my (we)	Vy/vy (you)	oni/ony (they)
otvorím	otvoríš	otvorí	otvoríme	otvoríte	otvoria

PAST TENSE							
SINGULAR					PLURAL		
ja (I)	ty (you)	on (he)	ona (she)	ono (it)	my (we)	Vy/vy (you)	oni/ony
otvoril(a) **som**	otvoril(a) **si**	otvoril	otvorila	otvorilo	otvorili **sme**	otvorili **ste**	otvorili

64. To play – hrať sa

PRESENT TENSE					
SINGULAR			PLURAL		
ja (I)	ty (you)	on/ona/ono (he/she/it)	my (we)	Vy/vy (you)	oni/ony (they)
hrám sa	hráš sa	hrá sa	hráme sa	hráte sa	hrajú sa

FUTURE TENSE					
SINGULAR			PLURAL		
ja (I)	ty (you)	on/ona/ono (he/she/it)	my (we)	Vy/vy (you)	oni/ony (they)
budem sa hrať	**budeš** sa hrať	**bude** sa hrať	**budeme** sa hrať	**budete** sa hrať	**budú** sa hrať

PAST TENSE							
SINGULAR					PLURAL		
ja (I)	ty (you)	on (he)	ona (she)	ono (it)	my (we)	Vy/vy (you)	oni/ony
hral(a) **som** sa	hral(a) **si** sa	hral sa	hrala sa	hralo sa	hrali **sme** sa	hrali **ste** sa	hrali **sa**

65. To put – ukladať

PRESENT TENSE					
SINGULAR			PLURAL		
ja (I)	ty (you)	on/ona/ono (he/she/it)	my (we)	Vy/vy (you)	oni/ony (they)
ukladám	ukladáš	ukladá	ukladáme	ukladáte	ukladajú

FUTURE TENSE					
SINGULAR			PLURAL		
ja (I)	ty (you)	on/ona/ono (he/she/it)	my (we)	Vy/vy (you)	oni/ony (they)
uložím	uložíš	uloží	uložíme	uložíte	uložia

PAST TENSE							
SINGULAR					PLURAL		
ja (I)	ty (you)	on (he)	ona (she)	ono (it)	my (we)	Vy/vy (you)	oni/ony
uložila(a) **som**	uložila(a) **si**	uložil	uložila	uložilo	uložili **sme**	uložili **ste**	uložili

71

66. To read – čítať

PRESENT TENSE					
SINGULAR			**PLURAL**		
ja (I)	ty (you)	on/ona/ono (he/she/it)	my (we)	Vy/vy (you)	oni/ony (they)
čítam	čítaš	číta	čítame	čítate	čítajú

FUTURE TENSE					
SINGULAR			**PLURAL**		
ja (I)	ty (you)	on/ona/ono (he/she/it)	my (we)	Vy/vy (you)	oni/ony (they)
budem čítať	**budeš** čítať	**bude** čítať	**budeme** čítať	**budete** čítať	**budú** čítať

PAST TENSE							
SINGULAR					**PLURAL**		
ja (I)	ty (you)	on (he)	ona (she)	ono (it)	my (we)	Vy/vy (you)	oni/ony
čítal(a) **som**	čítal(a) **si**	čítal	čítala	čítalo	čítali **sme**	čítali **ste**	čítali

67. To receive – dostať

PRESENT TENSE					
SINGULAR			PLURAL		
ja (I)	ty (you)	on/ona/ono (he/she/it)	my (we)	Vy/vy (you)	oni/ony (they)
dostávam	dostávaš	dostáva	dostávame	dostávate	dostávajú

FUTURE TENSE					
SINGULAR			PLURAL		
ja (I)	ty (you)	on/ona/ono (he/she/it)	my (we)	Vy/vy (you)	oni/ony (they)
dostanem	dostaneš	dostane	dostaneme	dostanete	dostanú

PAST TENSE							
SINGULAR					PLURAL		
ja (I)	ty (you)	on (he)	ona (she)	ono (it)	my (we)	Vy/vy (you)	oni/ony
dostal(a) **som**	dostal(a) **si**	dostal	dostala	dostalo	dostali **sme**	dostali **ste**	dostali

68. To remember – pamätať si

PRESENT TENSE					
SINGULAR			PLURAL		
ja (I)	ty (you)	on/ona/ono (he/she/it)	my (we)	Vy/vy (you)	oni/ony (they)
pamätám si	pamätáš si	pamätá si	pamätáme si	pamätáte si	pamätajú si

FUTURE TENSE					
SINGULAR			PLURAL		
ja (I)	ty (you)	on/ona/ono (he/she/it)	my (we)	Vy/vy (you)	oni/ony (they)
budem si pamätať	**budeš** si pamätať	**bude** si pamätať	**budeme** si pamätať	**budete** si pamätať	**budú** si pamätať

PAST TENSE							
SINGULAR					PLURAL		
ja (I)	ty (you)	on (he)	ona (she)	ono (it)	my (we)	Vy/vy (you)	oni/ony
pamätal(**a**) **som** si	pamätal(**a**) **si** si	pamätal si	pamätala si	pamätalo si	pamätali **sme** si	pamätali **ste** si	pamätali si

69. To repeat – opakovať

PRESENT TENSE					
SINGULAR			PLURAL		
ja (I)	ty (you)	on/ona/ono (he/she/it)	my (we)	Vy/vy (you)	oni/ony (they)
opakujem	opakuješ	opakuje	opakujeme	opakujete	opakujú

FUTURE TENSE					
SINGULAR			PLURAL		
ja (I)	ty (you)	on/ona/ono (he/she/it)	my (we)	Vy/vy (you)	oni/ony (they)
budem opakovať	**budeš** opakovať	**bude** opakovať	**budeme** opakovať	**budete** opakovať	**budú** opakovať

PAST TENSE						
SINGULAR					PLURAL	
ja (I)	ty (you)	on (he)	ona (she)	ono (it)	my (we)	Vy/vy (you)	oni/ony
opakoval(a) **som**	opakoval(a) **si**	opakoval	opakovala	opakovalo	opakovali **sme**	opakovali **ste**	opakovali

70. To return – vrátiť

PRESENT TENSE					
SINGULAR			PLURAL		
ja (I)	ty (you)	on/ona/ono (he/she/it)	my (we)	Vy/vy (you)	oni/ony (they)
vraciam	vraciaš	vracia	vraciame	vraciate	vracajú

FUTURE TENSE					
SINGULAR			PLURAL		
ja (I)	ty (you)	on/ona/ono (he/she/it)	my (we)	Vy/vy (you)	oni/ony (they)
vrátim	vrátiš	vráti	vrátime	vrátite	vrátia

PAST TENSE							
SINGULAR					PLURAL		
ja (I)	ty (you)	on (he)	ona (she)	ono (it)	my (we)	Vy/vy (you)	oni/ony
vrátil(a) som	vrátil(a) si	vrátil	vrátila	vrátilo	vrátili sme	vrátili ste	vrátili

71. To run – bežať

PRESENT TENSE					
SINGULAR			PLURAL		
ja (I)	ty (you)	on/ona/ono (he/she/it)	my (we)	Vy/vy (you)	oni/ony (they)
bežím	bežíš	beží	bežíme	bežíte	bežia

FUTURE TENSE					
SINGULAR			PLURAL		
ja (I)	ty (you)	on/ona/ono (he/she/it)	my (we)	Vy/vy (you)	oni/ony (they)
budem bežať	**budeš** bežať	**bude** bežať	**budeme** bežať	**budete** bežať	**budú** bežať

PAST TENSE							
SINGULAR					PLURAL		
ja (I)	ty (you)	on (he)	ona (she)	ono (it)	my (we)	Vy/vy (you)	oni/ony
bežal**(a)** **som**	bežal**(a) si**	bežal	bežala	bežalo	bežali **sme**	bežali **ste**	bežali

72. To say – vravieť

PRESENT TENSE					
SINGULAR			PLURAL		
ja (I)	ty (you)	on/ona/ono (he/she/it)	my (we)	Vy/vy (you)	oni/ony (they)
vravím	vravíš	vraví	vravíme	vravíte	vravia

FUTURE TENSE					
SINGULAR			PLURAL		
ja (I)	ty (you)	on/ona/ono (he/she/it)	my (we)	Vy/vy (you)	oni/ony (they)
budem vravieť	**budeš** vravieť	**bude** vravieť	**budeme** vravieť	**budete** vravieť	**budú** vravieť

PAST TENSE							
SINGULAR					PLURAL		
ja (I)	ty (you)	on (he)	ona (she)	ono (it)	my (we)	Vy/vy (you)	oni/ony
vravel(a) **som**	vravel(a) **si**	vravel	vravela	vravelo	vraveli **sme**	vraveli **ste**	vraveli

73. To scream – kričať

PRESENT TENSE					
SINGULAR			PLURAL		
ja (I)	ty (you)	on/ona/ono (he/she/it)	my (we)	Vy/vy (you)	oni/ony (they)
kričím	kričíš	kričí	kričíme	kričíte	kričia

FUTURE TENSE					
SINGULAR			PLURAL		
ja (I)	ty (you)	on/ona/ono (he/she/it)	my (we)	Vy/vy (you)	oni/ony (they)
budem kričať	**budeš** kričať	**bude** kričať	**budeme** kričať	**budete** kričať	**budú** kričať

PAST TENSE							
SINGULAR					PLURAL		
ja (I)	ty (you)	on (he)	ona (she)	ono (it)	my (we)	Vy/vy (you)	oni/ony
kričal(a) **som**	kričal(a) **si**	kričal	kričala	kričalo	kričali **sme**	kričali **ste**	kričali

74. To see – vidieť

PRESENT TENSE					
SINGULAR			**PLURAL**		
ja (I)	ty (you)	on/ona/ono (he/she/it)	my (we)	Vy/vy (you)	oni/ony (they)
vidím	vidíš	vidí	vidíme	vidíte	vidia

FUTURE TENSE					
SINGULAR			**PLURAL**		
ja (I)	ty (you)	on/ona/ono (he/she/it)	my (we)	Vy/vy (you)	oni/ony (they)
uvidím	uvidíš	uvidí	uvidíme	uvidíte	uvidia

PAST TENSE							
SINGULAR					**PLURAL**		
ja (I)	ty (you)	on (he)	ona (she)	ono (it)	my (we)	Vy/vy (you)	oni/ony
videl(a) som	videl(a) si	videl	videla	videlo	videli sme	videli ste	videli

75. To seem – vyzerať (zdať sa, pripadať)

PRESENT TENSE					
SINGULAR			PLURAL		
ja (I)	ty (you)	on/ona/ono (he/she/it)	my (we)	Vy/vy (you)	oni/ony (they)
vyzerám	vyzeráš	vyzerá	vyzeráme	vyzeráte	vyzerajú

FUTURE TENSE					
SINGULAR			PLURAL		
ja (I)	ty (you)	on/ona/ono (he/she/it)	my (we)	Vy/vy (you)	oni/ony (they)
budem vyzerať	**budeš** vyzerať	**bude** vyzerať	**budeme** vyzerať	**budete** vyzerať	**budú** vyzerať

PAST TENSE							
SINGULAR					PLURAL		
ja (I)	ty (you)	on (he)	ona (she)	ono (it)	my (we)	Vy/vy (you)	oni/ony
vyzeral(a) **som**	vyzeral(a) **si**	vyzeral	vyzerala	vyzeralo	vyzerali **sme**	vyzerali **ste**	vyzerali

76. To sell – predávať

PRESENT TENSE

SINGULAR			PLURAL		
ja (I)	ty (you)	on/ona/ono (he/she/it)	my (we)	Vy/vy (you)	oni/ony (they)
predávam	predávaš	predáva	predávame	predávate	predávajú

FUTURE TENSE

SINGULAR			PLURAL		
ja (I)	ty (you)	on/ona/ono (he/she/it)	my (we)	Vy/vy (you)	oni/ony (they)
predám	predáš	predá	predáme	predáte	predajú

PAST TENSE

SINGULAR					PLURAL		
ja (I)	ty (you)	on (he)	ona (she)	ono (it)	my (we)	Vy/vy (you)	oni/ony
predal(a) **som**	predal(a) **si**	predal	predala	predalo	predali **sme**	predali **ste**	predali

77. To send – poslať

PRESENT TENSE					
SINGULAR			PLURAL		
ja (I)	ty (you)	on/ona/ono (he/she/it)	my (we)	Vy/vy (you)	oni/ony (they)
posielam	posielaš	posiela	posielame	posielate	posielajú

FUTURE TENSE					
SINGULAR			PLURAL		
ja (I)	ty (you)	on/ona/ono (he/she/it)	my (we)	Vy/vy (you)	oni/ony (they)
pošlem	pošleš	pošle	pošleme	pošlete	pošlú

PAST TENSE							
SINGULAR					PLURAL		
ja (I)	ty (you)	on (he)	ona (she)	ono (it)	my (we)	Vy/vy (you)	oni/ony
poslal(a) **som**	poslal(a) **si**	poslal	poslala	poslalo	poslali **sme**	poslali **ste**	poslali

78. To show – ukázať

PRESENT TENSE					
SINGULAR			**PLURAL**		
ja (I)	ty (you)	on/ona/ono (he/she/it)	my (we)	Vy/vy (you)	oni/ony (they)
ukazujem	ukazuješ	ukazuje	ukazujeme	ukazujete	ukazujú

FUTURE TENSE					
SINGULAR			**PLURAL**		
ja (I)	ty (you)	on/ona/ono (he/she/it)	my (we)	Vy/vy (you)	oni/ony (they)
ukážem	ukážeš	ukáže	ukážeme	ukážete	ukážu

PAST TENSE							
SINGULAR					**PLURAL**		
ja (I)	ty (you)	on (he)	ona (she)	ono (it)	my (we)	Vy/vy (you)	oni/ony
ukázal(**a**) **som**	ázal(**a**) **si**	ukázal	ukázala	ukázalo	ukázali **sme**	ukázali **ste**	ukázali

79. To sing – spievať

PRESENT TENSE					
SINGULAR			PLURAL		
ja (I)	ty (you)	on/ona/ono (he/she/it)	my (we)	Vy/vy (you)	oni/ony (they)
spievam	spievaš	spieva	spievame	spievate	spievajú

FUTURE TENSE					
SINGULAR			PLURAL		
ja (I)	ty (you)	on/ona/ono (he/she/it)	my (we)	Vy/vy (you)	oni/ony (they)
budem spievať	**budeš** spievať	**bude** spievať	**budeme** spievať	**budete** spievať	**budú** spievať

PAST TENSE							
SINGULAR					PLURAL		
ja (I)	ty (you)	on (he)	ona (she)	ono (it)	my (we)	Vy/vy (you)	oni/ony
spieval(a) **som**	spieval(a) **si**	spieval	spievala	spievalo	spievali **sme**	spievali **ste**	spievali

80. To sit down – sadnúť si

PRESENT TENSE					
SINGULAR			PLURAL		
ja (I)	ty (you)	on/ona/ono (he/she/it)	my (we)	Vy/vy (you)	oni/ony (they)
sadám si	sadáš si	sadá si	sadáme si	sadáte si	sadajú si

FUTURE TENSE					
SINGULAR			PLURAL		
ja (I)	ty (you)	on/ona/ono (he/she/it)	my (we)	Vy/vy (you)	oni/ony (they)
sadnem si	sadneš si	sadne si	sadneme si	sadnete si	sadnú si

PAST TENSE							
SINGULAR					PLURAL		
ja (I)	ty (you)	on (he)	ona (she)	ono (it)	my (we)	Vy/vy (you)	oni/ony
sadol sadla som si	sadol sadla) si si	sadol si	sadla si	sadlo si	sadli sme si	sadli ste si	sadli si

81. To sleep – spať

PRESENT TENSE					
SINGULAR			PLURAL		
ja (I)	ty (you)	on/ona/ono (he/she/it)	my (we)	Vy/vy (you)	oni/ony (they)
spím	spíš	spí	spíme	spíte	spia

FUTURE TENSE					
SINGULAR			PLURAL		
ja (I)	ty (you)	on/ona/ono (he/she/it)	my (we)	Vy/vy (you)	oni/ony (they)
budem spať	**budeš** spať	**bude** spať	**budeme** spať	**budete** spať	**budú** spať

PAST TENSE							
SINGULAR					PLURAL		
ja (I)	ty (you)	on (he)	ona (she)	ono (it)	my (we)	Vy/vy (you)	oni/ony
spal(a) **som**	spal(a) **si**	spal	spala	spalo	spali **sme**	spali **ste**	spali

82. To smile – usmievať sa

PRESENT TENSE					
SINGULAR			PLURAL		
ja (I)	ty (you)	on/ona/ono (he/she/it)	my (we)	Vy/vy (you)	oni/ony (they)
usmievam sa	usmievaš sa	usmieva sa	usmievame sa	usmievate sa	usmievajú sa

FUTURE TENSE					
SINGULAR			PLURAL		
ja (I)	ty (you)	on/ona/ono (he/she/it)	my (we)	Vy/vy (you)	oni/ony (they)
budem sa usmievať	**budeš** sa usmievať	**bude** sa usmievať	**budeme** sa usmievať	**budete** sa usmievať	**budú** sa usmievať

PAST TENSE							
SINGULAR					PLURAL		
ja (I)	ty (you)	on (he)	ona (she)	ono (it)	my (we)	Vy/vy (you)	oni/ony
usmieval(**a**) **som** sa	usmieval(**a**) **si** sa	usmieval sa	usmievala sa	usmievalo sa	usmievali **sme** sa	usmievali **ste** sa	usmievali sa

83. To speak – rozprávať

PRESENT TENSE					
SINGULAR			PLURAL		
ja (I)	ty (you)	on/ona/ono (he/she/it)	my (we)	Vy/vy (you)	oni/ony (they)
rozprávam	rozprávaš	rozpráva	rozprávame	rozprávate	rozprávajú

FUTURE TENSE					
SINGULAR			PLURAL		
ja (I)	ty (you)	on/ona/ono (he/she/it)	my (we)	Vy/vy (you)	oni/ony (they)
budem rozprávať	**budeš** rozprávať	**bude** rozprávať	**budeme** rozprávať	**budete** rozprávať	**budú** rozprávať

PAST TENSE							
SINGULAR					PLURAL		
ja (I)	ty (you)	on (he)	ona (she)	ono (it)	my (we)	Vy/vy (you)	oni/ony
rozprával(a) **som**	rozprával(a) **si**	rozprával	rozprávala	rozprávalo	rozprávali **sme**	rozprávali **ste**	rozprávali

84. To stand – stáť

PRESENT TENSE					
SINGULAR			**PLURAL**		
ja (I)	ty (you)	on/ona/ono (he/she/it)	my (we)	Vy/vy (you)	oni/ony (they)
stojím	stojíš	stojí	stojíme	stojíte	stoja

FUTURE TENSE					
SINGULAR			**PLURAL**		
ja (I)	ty (you)	on/ona/ono (he/she/it)	my (we)	Vy/vy (you)	oni/ony (they)
budem stáť	**budeš** stáť	**bude** stáť	**budeme** stáť	**budete** stáť	**budú** stáť

PAST TENSE							
SINGULAR					**PLURAL**		
ja (I)	ty (you)	on (he)	ona (she)	ono (it)	my (we)	Vy/vy (you)	oni/ony
stál(a) **som**	stál(a) **si**	stál	stála	stálo	stáli **sme**	stáli **ste**	stáli

85. To start – začínať

PRESENT TENSE					
SINGULAR			PLURAL		
ja (I)	ty (you)	on/ona/ono (he/she/it)	my (we)	Vy/vy (you)	oni/ony (they)
začínam	začínaš	začína	začíname	začínate	začínajú

FUTURE TENSE					
SINGULAR			PLURAL		
ja (I)	ty (you)	on/ona/ono (he/she/it)	my (we)	Vy/vy (you)	oni/ony (they)
začnem **budem** začínať	začneš **budeš** začínať	začne **bude** začínať	začne **budeme** začínať	začnete **budete** začínať	začnú **budú** začínať

PAST TENSE							
SINGULAR					PLURAL		
ja (I)	ty (you)	on (he)	ona (she)	ono (it)	my (we)	Vy/vy (you)	oni/ony
začal(a) **som**	začal(a) **si**	začal	začala	začalo	začali **sme**	začali **ste**	začali

86. To stay – zostať

PRESENT TENSE					
SINGULAR			**PLURAL**		
ja (I)	ty (you)	on/ona/ono (he/she/it)	my (we)	Vy/vy (you)	oni/ony (they)
zostávam	zostávaš	zostáva	zostávame	zostávate	zostávajú

FUTURE TENSE					
SINGULAR			**PLURAL**		
ja (I)	ty (you)	on/ona/ono (he/she/it)	my (we)	Vy/vy (you)	oni/ony (they)
zostanem	zostaneš	zostane	zostaneme	zostanete	zostanú

PAST TENSE							
SINGULAR					**PLURAL**		
ja (I)	ty (you)	on (he)	ona (she)	ono (it)	my (we)	Vy/vy (you)	oni/ony
zostal(a) **som**	zostal(a) **si**	zostal	zostala	zostalo	zostali **sme**	zostali **ste**	zostali

87. To take – brať

PRESENT TENSE					
SINGULAR			PLURAL		
ja (I)	ty (you)	on/ona/ono (he/she/it)	my (we)	Vy/vy (you)	oni/ony (they)
beriem	berieš	berie	berieme	beriete	berú

FUTURE TENSE					
SINGULAR			PLURAL		
ja (I)	ty (you)	on/ona/ono (he/she/it)	my (we)	Vy/vy (you)	oni/ony (they)
zoberiem	zoberieš	zoberie	zoberieme	zoberiete	zoberú

PAST TENSE							
SINGULAR					PLURAL		
ja (I)	ty (you)	on (he)	ona (she)	ono (it)	my (we)	Vy/vy (you)	oni/ony
bral(a) **som**	bral(a) **si**	bral	brala	bralo	brali **sme**	brali **ste**	brali

88. To talk – hovoriť

PRESENT TENSE					
SINGULAR			PLURAL		
ja (I)	ty (you)	on/ona/ono (he/she/it)	my (we)	Vy/vy (you)	oni/ony (they)
hovorím	hovoríš	hovorí	hovoríme	hovoríte	hovoria

FUTURE TENSE					
SINGULAR			PLURAL		
ja (I)	ty (you)	on/ona/ono (he/she/it)	my (we)	Vy/vy (you)	oni/ony (they)
budem hovoriť	**budeš** hovoriť	**bude** hovoriť	**budeme** hovoriť	**budete** hovoriť	**budú** hovoriť

PAST TENSE							
SINGULAR					PLURAL		
ja (I)	ty (you)	on (he)	ona (she)	ono (it)	my (we)	Vy/vy (you)	oni/ony
hovoril(**a**) **som**	hovoril(**a**) **si**	hovoril	hovorila	hovorilo	hovorili **sme**	hovorili **ste**	hovorili

89. To teach – učiť

PRESENT TENSE					
SINGULAR			PLURAL		
ja (I)	ty (you)	on/ona/ono (he/she/it)	my (we)	Vy/vy (you)	oni/ony (they)
učím	učíš	učí	učíme	učíte	učia

FUTURE TENSE					
SINGULAR			PLURAL		
ja (I)	ty (you)	on/ona/ono (he/she/it)	my (we)	Vy/vy (you)	oni/ony (they)
budem učiť	**budeš** učiť	**bude** učiť	**budeme** učiť	**budete** učiť	**budú** učiť

PAST TENSE							
SINGULAR					PLURAL		
ja (I)	ty (you)	on (he)	ona (she)	ono (it)	my (we)	Vy/vy (you)	oni/ony
učil(a) **som**	učil **si**	učil	učila	učilo	učili **sme**	učili **ste**	učili

90. To think – myslieť

PRESENT TENSE					
SINGULAR			PLURAL		
ja (I)	ty (you)	on/ona/ono (he/she/it)	my (we)	Vy/vy (you)	oni/ony (they)
myslím	myslíš	myslí	myslíme	myslíte	myslia

FUTURE TENSE					
SINGULAR			PLURAL		
ja (I)	ty (you)	on/ona/ono (he/she/it)	my (we)	Vy/vy (you)	oni/ony (they)
budem myslieť	**budeš** myslieť	**bude** myslieť	**budeme** myslieť	**budete** myslieť	**budú** myslieť

PAST TENSE							
SINGULAR					PLURAL		
ja (I)	ty (you)	on (he)	ona (she)	ono (it)	my (we)	Vy/vy (you)	oni/ony
myslel(**a**) **som**	myslel(a) **si**	myslel	myslela	myslelo	mysleli **sme**	mysleli **ste**	mysleli

91. To touch – dotknúť sa

PRESENT TENSE					
SINGULAR			PLURAL		
ja (I)	ty (you)	on/ona/ono (he/she/it)	my (we)	Vy/vy (you)	oni/ony (they)
dotýkam sa	dotýkaš sa	dotýka sa	dotýkame sa	dotýkate sa	dotýkajú sa

FUTURE TENSE					
SINGULAR			PLURAL		
ja (I)	ty (you)	on/ona/ono (he/she/it)	my (we)	Vy/vy (you)	oni/ony (they)
dotknem sa	dotkneš sa	dotkne sa	dotkneme sa	dotknete sa	dotknú sa

PAST TENSE							
SINGULAR					PLURAL		
ja (I)	ty (you)	on (he)	ona (she)	ono (it)	my (we)	Vy/vy (you)	oni/ony
dotkol (dotkla som sa	dotkol (dotkla si sa	dotkol sa	dotkla sa	dotklo sa	dotkli sme sa	dotkli ste sa	dotkli sa

92. To travel – cestovať

PRESENT TENSE					
SINGULAR			PLURAL		
ja (I)	ty (you)	on/ona/ono (he/she/it)	my (we)	Vy/vy (you)	oni/ony (they)
cestujem	cestuješ	cestuje	cestujeme	cestujete	cestujú

FUTURE TENSE					
SINGULAR			PLURAL		
ja (I)	ty (you)	on/ona/ono (he/she/it)	my (we)	Vy/vy (you)	oni/ony (they)
budem cestovať	**budeš** cestovať	**bude** cestovať	**budeme** cestovať	**budete** cestovať	**budú** cestovať

PAST TENSE							
SINGULAR					PLURAL		
ja (I)	ty (you)	on (he)	ona (she)	ono (it)	my (we)	Vy/vy (you)	oni/ony
cestoval(a) **som**	cestoval(a) **si**	cestoval	cestovala	cestovalo	cestovali **sme**	cestovali **ste**	cestovali

98

93. To understand – rozumieť

PRESENT TENSE					
SINGULAR			PLURAL		
ja (I)	ty (you)	on/ona/ono (he/she/it)	my (we)	Vy/vy (you)	oni/ony (they)
rozumiem	rozumieš	rozumie	rozumieme	rozumiete	rozumejú

FUTURE TENSE					
SINGULAR			PLURAL		
ja (I)	ty (you)	on/ona/ono (he/she/it)	my (we)	Vy/vy (you)	oni/ony (they)
budem rozumieť	**budeš** rozumieť	**bude** rozumieť	**budeme** rozumieť	**budete** rozumieť	**budú** rozumieť

PAST TENSE							
SINGULAR					PLURAL		
ja (I)	ty (you)	on (he)	ona (she)	ono (it)	my (we)	Vy/vy (you)	oni/ony
rozumel(a) **som**	rozumel(a) **si**	rozumel	rozumela	rozumelo	rozumeli **sme**	rozumeli **ste**	rozumeli

99

94. To use – použť

PRESENT TENSE					
SINGULAR			PLURAL		
ja (I)	ty (you)	on/ona/ono (he/she/it)	my (we)	Vy/vy (you)	oni/ony (they)
používam	používaš	používa	používame	používate	používajú

FUTURE TENSE					
SINGULAR			PLURAL		
ja (I)	ty (you)	on/ona/ono (he/she/it)	my (we)	Vy/vy (you)	oni/ony (they)
použijem	použiješ	použije	použijeme	použijete	použijú

PAST TENSE							
SINGULAR					PLURAL		
ja (I)	ty (you)	on (he)	ona (she)	ono (it)	my (we)	Vy/vy (you)	oni/ony
použil(a) **som**	použil(a) **si**	použil	použila	použilo	použili **sme**	použili **ste**	použili

95. To wait – čakať

PRESENT TENSE					
SINGULAR			PLURAL		
ja (I)	ty (you)	on/ona/ono (he/she/it)	my (we)	Vy/vy (you)	oni/ony (they)
čakám	čakáš	čaká	čakáme	čakáte	čakajú

FUTURE TENSE					
SINGULAR			PLURAL		
ja (I)	ty (you)	on/ona/ono (he/she/it)	my (we)	Vy/vy (you)	oni/ony (they)
budem čakať	**budeš** čakať	**bude** čakať	**budeme** čakať	**budete** čakať	**budú** čakať

PAST TENSE							
SINGULAR					PLURAL		
ja (I)	ty (you)	on (he)	ona (she)	ono (it)	my (we)	Vy/vy (you)	oni/ony
čakal(a) **som**	čakal(a) **si**	čakal	čakala	čakalo	čakali **sme**	čakali **ste**	čakali

96. To walk – prechádzať sa

PRESENT TENSE					
SINGULAR			PLURAL		
ja (I)	ty (you)	on/ona/ono (he/she/it)	my (we)	Vy/vy (you)	oni/ony (they)
prechádzam sa	prechádzaš sa	prechádza sa	prechádzame sa	prechádzate sa	prechádzajú sa

FUTURE TENSE					
SINGULAR			PLURAL		
ja (I)	ty (you)	on/ona/ono (he/she/it)	my (we)	Vy/vy (you)	oni/ony (they)
budem sa prechádzať	**budeš** sa prechádzať	**bude** sa prechádzať	**budeme** sa prechádzať	**budete** sa prechádzať	**budú** sa prechádzať

PAST TENSE							
SINGULAR					PLURAL		
ja (I)	ty (you)	on (he)	ona (she)	ono (it)	my (we)	Vy/vy (you)	oni/ony
prechádzal(**a**) **som** sa	prechádzal(**a**) **si** sa	prechádzal sa	prechádzala sa	prechádzalo sa	prechádzali **sme** sa	prechádzali **ste** sa	prechádzali sa

97. To want – chcieť

PRESENT TENSE					
SINGULAR			PLURAL		
ja (I)	ty (you)	on/ona/ono (he/she/it)	my (we)	Vy/vy (you)	oni/ony (they)
chcem	chceš	chce	chceme	chcete	chcú

FUTURE TENSE					
SINGULAR			PLURAL		
ja (I)	ty (you)	on/ona/ono (he/she/it)	my (we)	Vy/vy (you)	oni/ony (they)
budem chcieť	**budeš** chcieť	**bude** chcieť	**budeme** chcieť	**budete** chcieť	**budú** chcieť

PAST TENSE							
SINGULAR					PLURAL		
ja (I)	ty (you)	on (he)	ona (she)	ono (it)	my (we)	Vy/vy (you)	oni/ony
chcel(a) **som**	chcel(a) **si**	chcel	chcela	chcelo	chceli **sme**	chceli **ste**	chceli

98. To watch – pozerať

PRESENT TENSE					
SINGULAR			**PLURAL**		
ja (I)	ty (you)	on/ona/ono (he/she/it)	my (we)	Vy/vy (you)	oni/ony (they)
pozerám	pozeráš	pozerá	pozeráme	pozeráte	pozerajú

FUTURE TENSE					
SINGULAR			**PLURAL**		
ja (I)	ty (you)	on/ona/ono (he/she/it)	my (we)	Vy/vy (you)	oni/ony (they)
budem pozerať	**budeš** pozerať	**bude** pozerať	**budeme** pozerať	**budete** pozerať	**budú** pozerať

PAST TENSE							
SINGULAR					**PLURAL**		
ja (I)	ty (you)	on (he)	ona (she)	ono (it)	my (we)	Vy/vy (you)	oni/ony
pozeral(**a**) **som**	pozeral(**a**) **si**	pozeral	pozerala	pozeralo	pozerali **sme**	pozerali **ste**	pozerali

104

99. To win – vyhrať

PRESENT TENSE

SINGULAR			PLURAL		
ja (I)	ty (you)	on/ona/ono (he/she/it)	my (we)	Vy/vy (you)	oni/ony (they)
vyhrávam	vyhrávaš	vyhráva	vyhrávame	vyhrávate	vyhrávajú

FUTURE TENSE

SINGULAR			PLURAL		
ja (I)	ty (you)	on/ona/ono (he/she/it)	my (we)	Vy/vy (you)	oni/ony (they)
vyhrám	vyhráš	vyhrá	vyhráme	vyhráte	vyhrajú

PAST TENSE

SINGULAR					PLURAL		
ja (I)	ty (you)	on (he)	ona (she)	ono (it)	my (we)	Vy/vy (you)	oni/ony
vyhral(a) som	vyhral(a) si	vyhral	vyhrala	vyhralo	vyhrali sme	vyhrali ste	vyhrali

100. To work – pracovať

PRESENT TENSE					
SINGULAR			PLURAL		
ja (I)	ty (you)	on/ona/ono (he/she/it)	my (we)	Vy/vy (you)	oni/ony (they)
pracujem	pracuješ	pracuje	pracujeme	pracujete	pracujú

FUTURE TENSE					
SINGULAR			PLURAL		
ja (I)	ty (you)	on/ona/ono (he/she/it)	my (we)	Vy/vy (you)	oni/ony (they)
budem pracovať	**budeš** pracovať	**bude** pracovať	**budeme** pracovať	**budete** pracovať	**budú** pracovať

PAST TENSE							
SINGULAR					PLURAL		
ja (I)	ty (you)	on (he)	ona (she)	ono (it)	my (we)	Vy/vy (you)	oni/ony
pracoval(a) **som**	pracoval(a) **si**	pracoval	pracovala	pracovalo	pracovali **sme**	pracovali **ste**	pracovali

101. To write – písať

PRESENT TENSE					
SINGULAR			PLURAL		
ja (I)	ty (you)	on/ona/ono (he/she/it)	my (we)	Vy/vy (you)	oni/ony (they)
píšem	píšeš	píše	píšeme	píšete	píšu

FUTURE TENSE					
SINGULAR			PLURAL		
ja (I)	ty (you)	on/ona/ono (he/she/it)	my (we)	Vy/vy (you)	oni/ony (they)
budem písať	**budeš** písať	**bude** písať	**budeme** písať	**budete** písať	**budú** písať

PAST TENSE							
SINGULAR					PLURAL		
ja (I)	ty (you)	on (he)	ona (she)	ono (it)	my (we)	Vy/vy (you)	oni/ony
písal(a) **som**	písal(a) **si**	písal	písala	písalo	písali **sme**	písali **ste**	písali

www.ingramcontent.com/pod-product-compliance
Lightning Source LLC
Chambersburg PA
CBHW081542040426
42448CB00015B/3193